177¹²
SERVICE GÉO... BIBLIOTHÈQUE

AF503203

...MAJOR DE L'ARMÉE
2e Bureau

...ECTION DU NORD

SECRET

GUERRE RUSSO-JAPONAISE

Note n° 6

1er Mars 1905

Exemplaire n° .... *remis à* ....

R.F.

État-Major de l'Armée

2e Bureau.

Section du Nord.

Secret

Guerre russo-japonaise.

Note N° 6.

1er Mars 1905.

Fol. V
7377
(6, II)

DON
211016

Avant-propos.

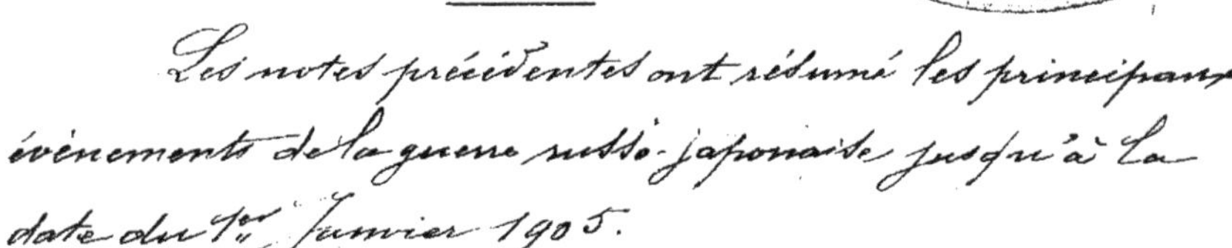
Les notes précédentes ont résumé les principaux événements de la guerre russo-japonaise jusqu'à la date du 1er Janvier 1905.

La présente étude continuera l'exposé succinct des faits jusqu'à la fin de la période d'hiver et précisera la situation générale à la date du 1er Mars.- Elle se propose, à la veille des événements importants et peut-être décisifs qui marqueront nécessairement le printemps de 1905, de mettre au point la situation et les forces respectives des belligérants.

Ce travail est divisé en six chapitres :

I. - Situation navale - Forces en présence;

II. - Le raid de Michtchenko (8-16 Janvier);

III. - La bataille de Sandepou (25-31 Janvier);

IV. - Exposé chronologique des engagements de Février;

V. - Forces russes et japonaises comparées au 1er Mars 1905;

VI. - Renseignements divers;

VII. - Conclusion.

Croquis.

N°1. - Le raid de Michtchenko

N°2. - Bataille de Sandepou (Situation initiale)

N°3. - ——— d° ——— (Situation le 27 Janvier au soir).

N°4. - Théâtre des opérations (fin Février).

I. Situation navale.

Forces navales japonaises — L'Amiral Togo dispose des unités suivantes :

4 Cuirassés	Mikasa	15.200 t	
	Asahi	15.440	
	Shikishima	15.090	
	Fuji (1896)	12.690	(vieux et fatigués)
2 Cuirassés de 2e classe	Fuso (1877)	3.780	d'utilisation douteuse
	Chinyen (1882)	7.330	
9 croiseurs cuirassés	Asama	9.850	
	Tokiwa	9.850	
	Adzuma	9.460	
	Yakumo	9.800	
	Idzumo	9.910	
	Iwate	9.910	
	Kasuga	7.700	
	Nishin	7.700	
	Chiyoda	2.240	vieux (douteux)
12 croiseurs protégés	Naniwa	3.710	
	Takatchiho	3.710	
	Hashidate	4.280	
	Itsukushima	4.280	
	Matsushima	4.280	
	Chitose	4.280	
	Kasagi	4.980	
	Idzumi	2.970	
	Akitsushima	3.170	
	Suma	2.700	
	Niitaka	3.500	
	Asushima	3.500	
	total :	191.870 tonnes	

Tous les éléments de cette flotte paraissent être en bon état d'entretien. Les principales unités, ayant passé au bassin, ont leur coque propre et par conséquent doivent avoir conservé leur vitesse normale.

Il n'est pas fait mention dans l'énumération précédente du cuirassé "Yashima". Il n'est plus signalé dans les escadres japonaises; en admettant que, contrairement aux diverses dépêches qui annonçaient sa perte, il ne soit pas coulé, il doit être tout au moins assez avarié pour être inutilisable en ce moment: c'est ~~pourquoi il n'en est pas tenu compte.~~

Nous laissons également de côté, de part et d'autre, ce qui concerne les unités de faible tonnage.

[...]ces navales russes. Les 3 groupes de l'escadre Rojestvinsky (2e escadre du Pacifique) sont actuellement réunis dans les eaux de Madagascar.

Nous rappelons la composition de cette escadre:

7 cuirassés	Kniaz Souvarov		13.516
	Alexandre III		13.516
	Borodino		13.516
	Orel		13.516
	Osliabia		12.674
	Sissoï Veliki		10.400
	Navarin		10.206
8 croiseurs	Amiral Nakimov	(1er rang)	7.780
	Dmitri Donskoi	(1er rang)	6.200
	Aurora	(1er rang)	6.730
	Svietlana	(1er rang)	3.727

8 croiseurs	Oleg	(1er rang)	6.645
	Zemtchoug	(2e rang)	3.103
	Almaz	(2e rang)	3.285
	Izumrud	(2e rang)	3.103

Total 127.917 tonnes

plus 3 croiseurs auxiliaires de la flotte volontaire (29.010t)

La "3ème escadre du Pacifique" s'est constituée en deux échelons, dont le premier a quitté Libau le 15 Février et passait devant Cherbourg le 27 au matin. – Cet échelon commandé par l'amiral Niébogatov, comprend

1 Cuirassé	Empereur Nicolas Ier	9.000
3 garde-côtes	Gal Amiral Apraxine	4.126
	Amiral Semiavine	4.960
	Amiral Oushakov	4.126
1 croiseur cuirassé	Vladimir Monomack	5.593
3 Transports		

Total 27.805

Le 2e échelon de cette 3e escadre doit être composé de

2 cuirassés	Slava	13.516
	Empereur Alexandre II	9.244
6 croiseurs	Pamiat-Azova (1er rang)	6.744
	Amiral Kornilov (1er rang)	5.800
	Azia (2e rang)	2.450
	Obrek (croiseur torpilleur)	675
	Voevoda (croiseur torpilleur	415
	Posadnik (croiseur torpilleur	393

10 torpilleurs

Total 39.237 tonnes

L'amiral Birilev en dirige l'armement.

Le plan d'opérations de l'amiral Rojestvensky n'étant pas connu, on ne peut savoir s'il attendra, avant de partir pour l'Extrême-Orient, d'être rejoint par Niebogatov (1). Dans cette dernière éventualité l'escadre russe compterait :

8 cuirassés.

3 garde-côtes cuirassés

9 croiseurs { 6 de 1er rang / 3 de 2e rang

et un tonnage de 155.722 tonnes, non compris les croiseurs auxiliaires de la flotte volontaire, les petits bâtiments et les transports.

Nous rappelons pour mémoire que la Division navale de Vladivostock compte 3 grands croiseurs.

Rossia	13.675 t	32.920 t
Gromoboï	12.600	
Bogatyr	6.645	

(1) Les raisons à invoquer en faveur de cette hypothèse seraient :
1°. que l'amiral russe est plus faible que son adversaire et a intérêt à grouper toutes ses forces.
2°. que Vladivostock est gêné par les glaces jusqu'en avril, d'où l'inutilité de se presser.
3°. qu'en effectuant en hiver le trajet de Madagascar en Extrême-Orient les vaisseaux russes auraient à lutter contre la mousson au prix d'une énorme consommation de charbon.
4°. que si l'intention de Rojestvensky était de ne pas attendre Niebogatov pour gagner du temps, il serait parti aussitôt la concentration de la 2e escadre achevée dans l'Océan Indien. Or cette concentration est achevée et Rojestvensky était encore, fin février, dans les parages de Nossi-Bé.
Toutefois ces éléments d'appréciation sont insuffisants pour permettre d'en tirer des conclusions fermes.

De ces 3 bâtiments, le "Rossia" seul paraît être utilisable immédiatement, les deux autres sont en réparation.

Comparaison entre les forces navales des deux adversaires.

Japon		Russie
191.870 t	Tonnage	155.722 t
941 canons	Armement	703 canons
14.400 h	Personnel	8.500 h

Ce simple tableau fait ressortir l'extrême difficulté de la tâche de l'amiral russe. - Il est loin de représenter encore la juste mesure de la disproportion des forces, car le Japon a en outre pour lui la proximité de sa base, l'outillage de ses ports et l'entraînement d'un personnel dont le moral est surexcité par les succès antérieurs. - Dans ces conditions, il semble que la prépondérance sur mer soit bien difficile à reconquérir par les Russes, sans que l'on puisse affirmer toutefois que la partie soit définitivement perdue pour eux.

II. Le Raid de Michtchenko (1) (8-19 Janvier).

Pour la première fois depuis le commencement de la guerre, la cavalerie russe tenta en Janvier dernier une opération de quelque envergure.

Le 8 Janvier le général Michtchenko franchit

(1) Voir le Croquis N° 1.

le Houn-ho à la tête de 8.000 cavaliers et se dirigea vers le sud - Il se proposait d'atteindre Niou-tchouang (Inkéou), d'incendier les grands approvisionnements de cette base japonaise [1] et de couper la voie ferrée au sud de Liao Yang, notamment au pont de Tachitsao.

Ce corps de cavalerie marchait en 3 colonnes parallèles.

1re Colonne du Général Téléchev; comprenant 3 régiments (19e, 24e, 26e) de la Division de Cosaques du Don;

4 détachements (de 100 h environ chacun) de tirailleurs-éclaireurs montés, d'infanterie.

~~Dans cette colonne vint se fondre celle du Colonel~~ Khan Nakitchevan qui comprenait la brigade indigène du Caucase et 2 Sections de mitrailleuses.

2e Colonne du Général major Samsonov: Division mixte de dragons (51e et 52e régiments de dragons, et celui de la Province maritime); 20e batterie à cheval.

3e Colonne du Général major Abramov: 2 régiments de la division de l'Oural, 1 du Transbaïkal, plus 4 canons (fermeture à vis) avec servants à cheval; 9e détachement de la Croix Rouge.

en tout : 66 escadrons ou sotnias, 22 canons, 2 Sections de mitrailleuses — 8.000 hommes

Ces colonnes rejoignirent à Sifanataï un convoi de 1500 mulets (divisé en 5 convois administratifs d'approvisionnements divers) parti d'avance, et 4 sotnias de gardes frontière.

---

(1) Les approvisionnements de Niou-tchouang en subsistances, pour l'armée japonaise, sont évalués à 20 millions de francs.

La marche était éclairée par un régiment de cosaques de Tchita (Transbaïkal), de la colonne Abramov, accompagné par une sotnia de gardes frontière.

L'organisation définitive du corps de Michtchenko s'acheva à <u>Sifanataï</u> dans la nuit du 8 au 9.–

Le 9 au matin on reprit la route vers le sud, en restant toujours entre le Liao et le Houn-ho. – Le choix de cet itinéraire évitait de violer la neutralité chinoise en dépassant le Liao à l'Ouest, et permettait de ne pas donner l'éveil aux postes japonais établis le long du Houn-ho.

Le 9 au soir on atteignait le confluent des deux rivières, où un convoi japonais était capturé (1). Bientôt après, des feux allumés de proche en proche par les émissaires japonais avertirent l'ennemi de la présence du corps russe.

Le 10 Janvier à 8h du matin eut lieu le premier combat. – Les Russes se heurtèrent à une bande de 500 honghouzes; ceux-ci, armés de Mausers et bien encadrés, résistèrent bravement, mais furent dispersés par une charge du régiment du Daghestan. Ils laissèrent 100 hommes sur le terrain ainsi qu'un fanion japonais; plusieurs Japonais furent trouvés parmi les morts.

---

(1) Un correspondant du "Times" avance, sans preuves d'ailleurs, que Michtchenko serait parti de 27 Km. à l'Ouest de <u>Sin-min-ting</u>, en plein territoire chinois et aurait marché de là directement sur le confluent du Liao-ho et du Houn-ho, violant ainsi la neutralité chinoise. – Cela paraît peu vraisemblable parce que : 1° on aurait beaucoup allongé ainsi le trajet à faire; 2° une violation de territoire aussi accentuée se serait vite ébruitée, or elle n'a pas été signalée; 3° la force du corps russe la rendait inutile; 4° le passage à Sifanataï des troupes de Michtchenko a été relevé de divers côtés. – Une minime fraction tout au plus du corps russe a pu suivre la rive droite du Liao, par mesure de sécurité.

Les 3 brigades de Michtchenko se séparèrent ensuite pour marcher respectivement sur la voie ferrée à l'Est, sur le vieux Nioutchouang et sur Inkéou.

Un peu plus au Sud, les colonnes de droite et du centre attaquèrent Shoutoze, village entouré d'un mur défensif et tenu par 3 compagnies japonaises. Celles-ci se barricadèrent dans une manufacture à l'intérieur du village et y résistèrent opiniâtrement. Cette manufacture était close par un mur solide et épais devant lequel furent tués le lieutenant Nekrasov et le lieutenant français Burtin. – On dut faire venir de l'artillerie et employer des grenades à main pour avoir raison de cet obstacle.

Le village fut enfin enlevé dans la nuit du 10 au 11 par le régiment de Verkhnéoudinsk, et la garnison japonaise tuée, prise ou dispersée. – Les Russes avaient perdu 2 officiers et 7 hommes tués, 7 officiers et 33 hommes blessés.[1]

Dans la même nuit la voie ferrée était coupée entre Anchandjan et Haïtcheng, de même qu'entre Inkéou et Tachitsao, mais les dégâts produits furent de peu d'importance.

Le 11, les Russes s'avancèrent sans opposition vers le sud. A midi ils atteignaient le vieux Nioutchouang

(1) Les Russes ayant éprouvé une forte résistance devant Shoutoze, l'avaient peu après contourné pour continuer ensuite leur itinéraire; mais le Général Michtchenko, apprenant que le corps du lieutenant Burtin y était resté aux mains de l'ennemi, envoya l'ordre au Général Samsonov de revenir sur ce village et de reprendre coûte que coûte le corps du lieutenant français, ce qui fut fait.

où plusieurs transports furent pris et brulés ; la garnison japonaise s'était retirée.

Michtchenko passa la nuit du 11 au 12 dans le village de Takankou à 30 Km. d'Inkéou.

Le 12, la marche continua vers le Sud. La gare russe d'Inkéou située au village de Nukiatun, et les énormes approvisionnements qui y étaient accumulés n'étaient défendus que par une compagnie et 2 escadrons soit 300 Japonais en tout ; ce n'était pas une grosse résistance à vaincre pour le corps de Michtchenko et son artillerie : le butin s'annonçait considérable et l'occasion aussi belle qu'on avait pu l'espérer. Mais il semble qu'après avoir habilement exécuté la tâche difficile de parvenir heureusement à pied d'œuvre, les Russes aient tout à coup manqué de confiance et de décision. Michtchenko aurait pu attaquer Nukiatun dès 8 ou 9h du matin ; il n'ouvrit le feu que vers 3h du soir ; ce retard fut la cause de son insuccès.

Nous avons vu précédemment que le corps russe s'était scindé en plusieurs groupes. La portion principale se présentait devant Nukiatun avec 8 escadrons et 12 canons couverte sur son flanc Est par les volontaires du Caucase ; ceux-ci endommagèrent la voie entre Inkéou et Tachitchao, mais les Japonais purent réparer rapidement les dégâts et un train de renfort réussit à entrer dans la ville[1].

(1) A cette date les transports de l'armée de Port Arthur vers le Nord étaient en voie d'exécution. Il semble probable que le train qui entra à Nioutchouang faisait partie des premiers transports ; il appartenait peut-être à la 7e Division.

Les volontaires russes échangèrent des coups de fusil avec le train mais ne purent l'arrêter, de sorte que lorsque Michtchenko prononça son attaque, il se trouva en face d'un millier de Japonais qui s'étaient rapidement retranchés et couverts de défenses artificielles.

L'artillerie russe détermina bientôt des incendies dans les constructions voisines de la Station.-

Les Russes ne pouvaient pas risquer de grosses pertes car ils n'auraient pu emmener de blessés trop nombreux; d'autre part, comme ils n'avaient pas de baïonnettes l'assaut était difficile; ils attendirent jusqu'à 8 h ½ du soir, puis exécutèrent 3 attaques sans résultat.

Michtchenko apprit alors qu'une forte colonne japonaise s'avançait sur ses derrières. N'ayant pas les moyens suffisants pour continuer la lutte, il donna l'ordre de la retraite. Les Russes se retirèrent vers le Nord et s'arrêtèrent à 17 Km. d'Inkéou le 12 au soir.

Le 13, le corps russe allait se trouver en face des troupes japonaises envoyées contre lui dès le 11.- Ces troupes, venues du Chaho, débarquèrent partie à Anshandjan, partie à Haïcheng.- Le 13 ces détachements et la garnison victorieuse de Inkéou marchèrent concentriquement sur le vieux Nioutchouang où Michtchenko s'était replié en ralliant ses détachements.- Après quelques vives escarmouches les Russes se retirèrent vers l'Ouest, repassant le Houn-ho.- Les Japonais les suivirent.

Le 14 au point du jour, Michtchenko les mitrailla

à Santchaho où l'une de ses colonnes fut entamée par l'ennemi et fit des pertes sensibles. – Il continua ensuite sa marche vers le Nord échappant aisément à la poursuite des fantassins japonais.

Le 16 Janvier, il avait rejoint Kouropatkine.

Le corps de Michtchenko avait parcouru 260 Km. en 5 jours, soit plus de 50 Km par jour en moyenne, livré divers combats et bivouaqué par des nuits extrêmement froides. – Cette opération fut très pénible pour les chevaux, car tout le trajet fut fait dans des terres labourées, piquetées de tiges coupées de gaolian.

Les Russes perdirent au cours de cette expédition :

	Officiers	Hommes	Chevaux
Tués	7	73	69
Blessés	32	257	75
Manquants	"	21	"
Totaux	39	351	144

Le résultat se borna à la capture de quelques petits convois, à des razzias de bétail et à l'endommagement momentané de la voie ferrée au Sud de Liao Yang. Il aurait pu être autrement important si les Russes s'étaient emparés d'Inkéou.

Michtchenko fut gêné par la composition hétérogène de son corps de cavalerie qui comprenait des Kirghiz, des Kalmouks, des Bouriates, des Caucasiens. Il se tira somme toute fort habilement de cette entreprise hasardeuse qui constitue la première tentative importante et rationnelle de la cavalerie russe dans les plaines de Mandchourie.

Les Japonais furent complètement surpris par ce raid. Ils prétendent qu'il n'a été possible qu'en utilisant la rive Ouest du Liao, et par conséquent en violant la neutralité de la Chine.

III. La Bataille de Sandepou (25-31 Janvier).

Le raid de Michtchenko ne fut suivi d'aucun mouvement immédiat de l'armée russe.

Vers le 20 Janvier, les Russes commencèrent à manifester quelque activité à leur aile droite; mais le froid était intense et semblait s'opposer à des opérations importantes.

Le 23 Janvier la neige commença à tomber. Dans la nuit du 23 au 24 un coup de main rendait les Russes maîtres d'une lunette japonaise près de Chahopou, au centre. Mais rien ne laissait présager ce qui allait se passer à l'aile droite russe.

Tout à coup, dans la nuit du 24 au 25, la 2ème armée russe sortit de Tchantan et de Nenioupou, sur la rive droite du Houn ho et commença l'offensive contre la gauche japonaise. – Rien ne paraissait légitimer cette brusque détermination, à ce moment précis : la rigueur de la température, l'arrivée récente des renforts japonais venus de Port Arthur, le peu de développement qui devait être donné au mouvement offensif, étaient autant de causes rendant peu explicable une tentative de ce genre (eu égard, du moins, aux renseignements sur la situation parvenus jusqu'ici) ; on ne voit pas bien encore à quel but militaire elle pouvait correspondre du moment que le généralissime n'avait pas l'intention de l'appuyer et de la pousser à fond.

Aspect du pays. La vallée du Houn-ho qui allait être le théâtre de la lutte est un pays plat, très peuplé, parsemé de nombreux et grands villages qui renferment d'importantes ressources en grains et en fourrages.

Ces villages sont des agglomérations de fermes dont chacune est formée de bâtiments d'un seul étage ; toutes les portes, fenêtres et autres ouvertures donnent sur les cours intérieures ; les murs extérieurs sont pleins et épais ; les toits couverts en chaume. Autour de ces villages règne généralement un mur en torchis de 1 mètre d'épaisseur qui, pendant l'hiver, constitue pour les défenseurs un excellent abri et qu'on peut facilement aménager pour le tir de l'infanterie.

A cette époque de l'année, le Houn ho est gelé sur un mètre d'épaisseur ; la glace, surtout si on la recouvre d'un matelas de paille ou de terre, peut supporter sans se rompre les plus lourdes charges.

Le froid était extrême le 25 Janvier, et la neige, fouettée par le vent du Nord, arrivait dans le dos des Russes et dans la figure des Japonais. De part et d'autre les troupes recherchaient les abris offerts par les villages non détruits.

[Fo]rces de Grippenberg — Les forces mises en mouvement par le Général Grippenberg comprenaient :

2 divisions du 8e corps (14e et 15e)
2 brigades de tirailleurs d'Europe (2e et 5e)
1 Division du 10e corps (9e)
une partie de la 61e Division de réserve.
une partie du 1er corps sibérien (1e et 9e Divisions de tirailleurs de la Sibérie Orientale).
enfin le corps de cavalerie du Général Michtchenko,

soit en tout : 85.000 hommes environ.[1]

Ces forces étaient divisées en deux masses, l'une la principale, destinée à l'attaque contre Sandepou qui devait être l'action la plus importante, comprenait exclusivement des troupes européennes (8e et 10e corps, 2e et 5e brigades de tirailleurs d'Europe); l'autre, formée du reste des forces énumérées ci-dessus, devait effectuer par l'Ouest et par le Sud une attaque débordante et enveloppante.

L'attaque de Grippenberg n'avait pas été prévue par les Japonais, malgré les assertions contraires. — Leur extrême gauche n'était constituée que par la

(1) Le maréchal Oyama évaluait ces forces à 7 Divisions d'infanterie, plus une de cavalerie, estimation très exacte.

la 8e Division japonaise, dont le chef (Général Tachimi) allait supporter seul le choc des Russes en attendant que le maréchal Oyama prévenu pût lui envoyer des renforts. – La remarquable ténacité des troupes japonaises devait permettre à leur chef de parer à une situation qui aurait pu devenir rapidement critique si l'attaque des Russes avait été poussée à fond.

Journée du 25 Janvier. Les Russes commencèrent leur mouvement à minuit et attaquèrent les Japonais au point du jour (voir le croquis N° 2 – Situation initiale) – Ils disposaient de 10 pièces de gros calibre en plus de leur artillerie de campagne.

S'étant emparés dans la matinée, sur la rive droite du Houn-ho, des villages de Coutaïtse et Kaïlatosa (1) et sur la rive gauche de Téoutsaïhosa, ils prononcèrent vers midi, de ces deux derniers points, une attaque convergente contre Kékéoutaï (2) (à 5 Km. à l'Ouest de Sandepou). – Une faible garnison japonaise tenait ce gros village ; elle s'y défendit avec un tel acharnement qu'il fallut 11 heures pour l'emporter. – Vers 11 heures du soir les Russes étaient maîtres de la place et ce qui restait de la garnison japonaise se retirait vers l'est.

Pendant ce temps le 8e corps s'avançait face au Sud Est contre Sandepou. A l'aile marchante, le général Mischtchenko s'emparait facilement de

(1) Le village de Kaïlatosa fut enlevé à la baïonnette.
(2) La presse anglaise et quelques journaux français écrivent « Heïkoutaï ». Nous nous en tenons ici à la traduction littérale de la carte russe, comme l'ont fait d'ailleurs le "Temps", les "Débats", etc.

Echitaitse et de Mamoukaï [1], puis franchissait le Hounho face à l'Est, chassant devant lui 2 régiments de dragons japonais qui se retirèrent vers le Sud-Est.

Le Maréchal Oyama, informé du mouvement débordant des Russes, ordonna pour le lendemain de reprendre Kékéoutaï – Des renforts furent acheminés vers l'Ouest, mais leurs mouvements furent retardés par la neige.

Au cours de cette journée, les Russes avaient vigoureusement appuyé la marche de leur infanterie par le feu de leur artillerie; les canons japonais au contraire étaient restés silencieux. Dans ce premier jour de bataille, la gauche japonaise perdait 162 Officiers et 5.550 hommes.

née du 26 Janvier.

Le 26 le froid continuait intense et la neige tombait.

Le mouvement de Grippenberg se poursuivit dans les conditions prévues, son groupe principal (de gauche) marchant contre Sandepou, celui de droite continuant l'enveloppement par le Sud. – Pendant ce temps les Japonais massaient des forces importantes au Sud de Sandepou vers Wuchiatzu, dans le but de reprendre Kékéoutaï.

Groupe russe de gauche. – L'attaque du groupe de gauche contre Sandepou devait être faite concentriquement par deux colonnes partant respectivement de Kéoutsaïhoda et de Kékéoutaï.

R.F.

(3) Sur les 30 prisonniers japonais qu'il fit à Mamoukaï, 9 venaient de Port-Arthur.

Sandepou est un bourg d'assez grandes dimensions dont la lisière Ouest seule avait été fouillée par l'artillerie; la partie Nord Est du village, la plus solidement organisée, était restée intacte et les Japonais y avaient construit une sorte de redoute bordée d'un triple rang d'obstacles artificiels, et protégée par les constructions voisines contre le tir de l'artillerie; elle était armée de pièces de campagne et de canons à tir rapide.

La colonne russe de gauche, partant de Ceoutsaïhodsé, pénétra assez rapidement dans Sandepou, occupant presque tout le village; mais elle fut arrêtée net par la redoute qu'il était impossible d'enlever sans préparation par l'artillerie. — Les batteries russes prirent donc position au Nord Ouest de Sandepou pour battre ce réduit. — La lutte se prolongea tout le jour et sans résultat décisif.

La colonne russe de droite (du groupe de gauche) devait partir de Kékéoutaï pour atteindre Sandepou son objectif concurremment avec les troupes partant de Céoutsaïhoda. Mais, dès midi, elle apercevait les renforts japonais venant de Wuchiatsu et qui marchaient sur Kékéoutaï pour reprendre ce village; elle dut alors faire face à ce nouvel objectif de sorte que Sandepou ne fut abordé que par un seul côté.

Entretemps Tao-Tsao avait été occupé par les Russes qui l'avaient organisé de suite défensivement et armé de mitrailleuses.

Pour exécuter leur contre offensive, les Japonais se déployèrent sur la ligne Soumapou Wuchiatsu et se portèrent à l'attaque de Pao-tsao et de Kékéoutaï. — Le premier de ces deux villages dut être enlevé au préalable pour pouvoir continuer sur Kékéoutaï, mais sa possession coûta cher aux Japonais, car les Russes avaient adroitement disposé autour de Kékéoutaï 30 canons qui prenaient d'écharpe les colonnes japonaises marchant sur Pao-tsao.

Poursuivant leurs avantages, les Japonais abordèrent Kékéoutaï, mais la garnison y fit une résistance opiniâtre, tandis que des détachements russes indépendants, opérant à l'Ouest de Sandepou, harcelaient le flanc droit du corps d'attaque japonais.

La lutte continua avec acharnement de ce côté toute la journée du 26 sans amener de résultat décisif; les Russes échouaient devant Sandepou et les Japonais devant Kékéoutaï. — Enfin à la nuit les Russes finirent par abandonner Sandepou après l'avoir incendié.

Groupe russe de droite. — Pendant ce temps la droite russe continuait son mouvement enveloppant, en passant à environ 8 km. au sud de Sandepou. Dans cette région, la cavalerie de Michtchenko dispersa plusieurs détachements de l'ennemi. Un régiment japonais, agissant comme flanc-garde d'une brigade pendant l'attaque de Kékéoutaï fut cerné à Kiouké par les Russes qui le mitraillèrent avec 10 canons de campagne et se resserrèrent autour de lui jusqu'à 300 mètres; ce régiment fit d'énormes pertes mais ses débris réussirent à s'échapper au dernier moment par une fissure du dispositif russe.

Les pertes russes le 26 devant Sandepou furent de 1500 hommes. A la nuit le combat continuait encore devant Kékéoutai.

Journée du 27 Janvier.

L'attaque japonaise se poursuivait toujours contre ce village ; elle fut bientôt renforcée par la droite japonaise rendue libre par un recul des Russes devant Sandepou. Pourtant Grippenberg se maintenait énergiquement sur le terrain conquis et amenait des renforts sur le front. De part et d'autre l'acharnement était extrême.

Tandis que le groupe russe de gauche faisait ainsi tête à la contre-offensive japonaise devant Sandepou et Kékéoutai, le groupe de droite poursuivait son mouvement enveloppant, puis, faisant face au Nord par un à-gauche, tombait dans le flanc gauche de l'attaque japonaise (voir le croquis N° 3) — Les Japonais, bombardés de ce côté, firent des pertes importantes ; bientôt ils furent attaqués à Pao-tsao et à Soumapou. Pendant ce temps la cavalerie de Michtchenko, continuant sa marche en avant, faisait tomber facilement tous les avant-postes japonais rencontrés, puis attaquait Landounkéou, Sakoutaï et Santaïtse. On n'était plus alors qu'à 20 km. de Liao-Yang.

Aussi la position des Japonais était-elle devenue critique le 27 au soir. — Oyama acheminait en hâte les troupes voisines pour secourir sa gauche compromise ; en attendant, il recommandait de tenir à tout prix et de reconquérir par des attaques de nuit le terrain perdu le jour.

Toute une série de combats partiels et acharnés se livrèrent autour des villages de la zone contestée. Les Russes s'emparèrent après minuit de Soumapou où ils firent prisonnier le détachement japonais; ils en furent ensuite chassés par une contre attaque japonaise, mais une fraction russe resta cachée la nuit dans le village. — Sandepou continuait à être violemment bombardé. — Landounkéou fut occupé par les Russes, puis repris par les Japonais qui repoussèrent les contre attaques de leurs adversaires. Finalement les Japonais réussirent à conserver ces divers villages.

Tous ces combats de la journée du 27 Janvier eurent lieu au milieu d'une tempête de neige.

[Journ]ée du 28 Janvier Le 28, les Russes tenaient toujours dans Kéhéoutaï (ce village était défendu par les troupes du 1er corps sibérien [Gal Stackelberg]), De 10h du soir à minuit les Japonais firent inutilement 4 nouvelles attaques qui échouèrent contre le feu des Russes.

Pendant que l'opération se poursuivait, les Russes cachés dans Soumapou surgirent du village et ouvrirent le feu sur les derrières du centre japonais; mais ils furent bientôt enveloppés et anéantis, sauf 200 qui se rendirent.

Au sud, Santaïtse avait été pris par les Russes après une heure de bombardement, Laboutaï occupé le soir en partie. Une patrouille russe (capne Mironov) avait endommagé la voie ferrée à 12 Km. au sud de Liao Yang.

Mais les progrès ininterrompus de Michtchenko allaient être rendus inutiles par l'échec du corps russe principal devant Sandepou et Kékéoutaï.

De ce côté les combats continuèrent toute la journée du 28, ainsi qu'à Sao-ehr-pan (non marqué sur les croquis) à 8 Km. au Sud de Kékéoutaï, à Landountéou et à Laboutaï.

Il faut remarquer qu'à ce moment, les canons du 10e corps russe à Koandi au Nord (voir le croquis n° 3) envoyaient leurs projectiles jusque dans le voisinage de Landountéou attaqué par les troupes russes du sud. — Peu s'en fallait donc que les gros effectifs japonais enfermés dans Sandepou et devant Kékéoutaï ne fussent complètement cernés. Il suffisait semble-t-il d'un dernier effort pour obtenir un très grand résultat, mais les troupes de Grippenberg, inférieures en nombre à la contre-attaque japonaise étaient épuisées. Grippenberg demanda instamment des renforts : Kouropatkine, au lieu de les lui envoyer, lui donna l'ordre de battre en retraite. — Cet ordre arriva vers 5 h ½ du soir.

En conséquence, les Russes se replièrent de Santaïtse et de Laboutaï sur Tchandiopou ; leur artillerie repassa le Houn ho et le corps principal, après quelques dernières contre-attaques, commença lentement son mouvement de retraite vers le Nord et vers l'Ouest dans la journée suivante (1).

Journée du 29 Janvier. Dans la nuit du 28 au 29 une contre-offensive générale fut ordonnée par Oyama.

(1) C'est vers ce moment que les Généraux Michtchenko et Kondratovich furent blessés. Michtchenko reçut une balle dans le genou qui lui fracassa l'articulation. — Il continua néanmoins à diriger ses troupes jusqu'au soir. — Cette blessure est grave — Kondratovich reçut une balle dans la poitrine qu'on fut lui extraire par le dos.

A l'aube, les Japonais s'emparèrent de Tchantanhouan et, après ce succès, poursuivirent les Russes qui se retiraient vers le Houn ho en perdant 500 prisonniers. – Pendant ce temps, le 10e corps russe attaquait Sandepou par l'Est pour faire diversion mais éprouvait des pertes importantes. – Enfin, à 9h ½ du matin, les Japonais enlevaient Kékéoutaï par une attaque désespérée. – Les Russes y avaient résisté depuis le 26 à midi jusqu'au 29 au matin.

Cette journée du 29 marquait l'échec définitif de la tentative de Grippenberg ; les Russes battaient partout en retraite, serrés de près par les Japonais.

La gelée était toujours très forte et ne permettait pas de faire de nouveaux terrassements qui auraient permis de mieux s'accrocher au sol. On perdit en outre bien des blessés par le froid qui congelait le sang au bord des blessures, déterminant la gangrène.

30 Janvier Les Russes continuèrent leur mouvement de retraite le 30 et, comme à la bataille du Chaho s'arrêtèrent à leurs positions de départ.

A partir de 8h ½ du matin, ils bombardèrent l'aile gauche japonaise avec 12 canons de campagne et des pièces de gros calibre (sur Sandepou en particulier où des incendies s'allumèrent)

Plusieurs bataillons japonais furent repoussés au nord de Sandepou. Sur la rive droite du Houn ho, 2 bataillons russes attaquèrent inutilement Tsoutaitse. – Une série d'attaques et de contre attaques se livrèrent ainsi sur toute la partie Ouest du front, mais désormais la bataille véritable était terminée, il n'y avait plus aucune action d'ensemble ; les adversaires conservaient leurs positions initiales.

Le 31 Janvier vit se produire les derniers engagements de détail pouvant être considérés comme se rattachant à la bataille de Sandepou.

Pertes de la bataille de Sandepou.

{ 15.000 Russes
{ 10.000 Japonais

Après les batailles du Chaho et de Liao Yang c'est celle de Sandepou qui a été la plus meurtrière de la première année de guerre.

Les pertes russes du 25 au 30 Janvier auraient été de 314 Officiers et 11.642 h. tués ou blessés ; comme le médecin médecin en chef de l'armée de Mandchourie annonce 2.442 malades pour la même période, on peut en conclure que les Russes ont perdu environ 15.000 h. dans cette affaire.

D'après les rapports du service de santé japonais, les pertes japonaises à Sandepou auraient été de :

tués	842	(dont 82 officiers)
blessés	8.014	(— 271 —)
disparus	526	
malades de froid	505	
	9.887	

En y ajoutant les prisonniers, on atteint plus de 10.000 h comme pertes pour l'armée japonaise.

Observations sur la bataille de Sandepou

1° Comme la bataille du Chaho, celle de Sandepou a été une offensive russe manquée. Elle diffère de la première en ce que les ailes Ouest seules furent engagées, et par conséquent l'importance de la lutte bien moins grande.

2° Un conflit personnel rendu public s'est élevé entre le généralissime et son Commandant d'armée de droite. — Il semble qu'on doive rechercher bien plus l'insuccès des Russes dans ce regrettable antagonisme que dans la riposte des Japonais. — Grippenberg reproche à son chef de ne pas l'avoir soutenu et de n'avoir fait ailleurs aucune diversion, de sorte que son attaque, qui avait heureusement progressé au début, fut bientôt ramenée par les forces supérieures de l'ennemi, et les résultats obtenus abandonnés de propos délibéré. — Kouropatkine répond à cela que son subordonné a engagé lui-même et sans ordres une action importante, risquant ainsi de compromettre la situation générale de l'armée, alors que les Japonais se disposaient à l'attaquer au centre.

On n'a pas ici à prendre parti dans ce pénible conflit, mais des renseignements parvenus il semble ressortir : a) que Grippenberg n'a pu engager 80.000 h pendant 4 jours (du 24 au 28) à l'insu de Kouropatkine b) que Kouropatkine n'a fait aucune diversion pendant l'engagement de son aile droite ; c) que contrairement à son assertion les Japonais ne l'ont attaqué ni au centre ni ailleurs.

3° Pour la première fois, la cavalerie russe est intervenue activement au cours de la bataille. Au dire même des Japonais, l'attaque de Michtchenko sur leur aile gauche fut brillamment conduite ; parvenu à 15 ou 20 Km de Liao-Yang, sa marche en avant ne fut arrêtée que par l'échec du corps principal de Grippenberg devant Sandepou.

Pendant la retraite, il facilita le dégagement de l'infanterie russe par des charges courageuses mais meurtrières.

4°. La bataille de Sandepou fut livrée par un froid de 15 à 20 degrés au-dessous de zéro; la nuit le thermomètre descendit à moins 24°.– Cette circonstance entraîna de grandes souffrances pour les troupes, et augmenta notablement les pertes, a) parce que les terrassements étant impossibles on dut faire des attaques à découvert; b) parceque de nombreux cas de congélation se produisirent de part et d'autre; c) parceque les blessés qui n'étaient pas enlevés immédiatement étaient atteints de la gangrène.

5°. Il semble que l'échec des Russes ait été causé uniquement par les mauvaises dispositions prises pour l'attaque de Sandepou.– Un village de cette importance, solidement organisé, ne pouvait évidemment s'enlever avant une complète préparation par l'artillerie; or les Russes, qui avaient à proximité de nombreuses pièces de campagne et des canons de gros calibre, s'avancèrent à découvert contre des retranchements intacts.– Ils subirent des pertes énormes et inutiles, Sandepou ne put être enlevé et c'est grâce à la résistance de ce village que les Japonais purent mettre en œuvre leur contre offensive dans de bonnes conditions.– Si Sandepou avait été emporté par les Russes le 26, c'est Grippenberg avec ses 80.000 h. au lieu de la division de cavalerie de Michtchenko, qui aurait débouché devant Yantai, et l'on ne peut dire ce qu'aurait pu produire un pareil mouvement.

6°. Le raid de cavalerie de Michtchenko au commencement de Janvier, eut la conséquence regrettable de faire renforcer la gauche japonaise avant la bataille de Sandepou. Il eût été préférable de n'exécuter cette opération qu'au moment même de l'attaque de Grippenberg.

IV. Exposé chronologique des engagements de Février.

[...]tions de détail du [...] au 12 Février. Dans les premiers jours de Février, un renouveau d'activité se manifesta à la droite des Russes. - De nombreux combats de détail se livrèrent autour de Tchantan, Kékéoutaï, Sandepou, Tchantankonan. - Les Russes bombardèrent Sandepou et Chahopou; ils se maintinrent dans Tchantan et Tchantankonan.

Le 4 Février, de forts détachements russes descendirent le Houn ho jusqu'à Tchitaïtse; ils se replièrent au nord le lendemain.

Ces actions, d'importance secondaire mais très nombreuses, se poursuivirent par un froid rigoureux atteignant 24°.

C'est vers le 5 Février que les Japonais commencèrent à manifester des velléités d'offensive du côté de l'Est. - A l'Ouest, les Russes se couvraient de retranchements devant la gauche japonaise; au centre, ils canonnaient par intervalles les lignes de l'ennemi.

Vers le 10, on signala au centre quelques tentatives japonaises, elles furent facilement contenues.

Le 11, les Japonais commencèrent à canonner la colline Poutilov avec des pièces de siège. - Le Général

Kaulbars quitta à cette date le commandement en chef de l'armée russe de l'Ouest.

Le 12, le Général Bilderling prit la succession de Grippenberg.

Tentative japonaise contre le transmanchourien
Combat de Gounchouling (1)
14 Février

Le Général Kouropatkine ayant reçu des rapports annonçant la concentration en Mongolie, près de la voie ferrée, d'un nombre considérable de Kounghouzes commandés par des Japonais, envoya le 11 un détachement de gardes frontière opérer une reconnaissance sous les ordres du Capitaine Lenizky.

A peine partie, cette reconnaissance apprenait qu'une attaque s'était produite le 12 contre un pont du chemin de fer, entre Gounchouling et Fantsetoun. – 300 cavaliers, dont 100 Japonais et 200 Kounghouzes environ, étaient survenus à 3 h 1/2 du matin ; un combat acharné se produisit avec les gardes du pont qui se défendirent bravement à la baïonnette, mais furent obligés de reculer sous le nombre. Bientôt le poste russe de Fantsetoun prévenu accourut et dispersa les cavaliers ennemis qui se retirèrent vers l'Ouest ; ils n'avaient réussi qu'à endommager 30 mètres de voie. Le service reprit peu après.

Lenizky avec son détachement se mit à leur poursuite. Pendant cette course qui se continua sur une distance de 120 Km au N. O de Gounchouling, Lenizky rencontra inopinément, le 14 Février, 6 escadrons de cavalerie, 1000 hommes d'infanterie japonaise et une bande de 2000 Kounghouzes. – Un violent combat s'engagea entre les gardes frontière et l'ennemi, mais la disproportion des forces permettait tout au plus d'espérer de faire une retraite en bon ordre. – Lenizky se replia

(1) Gounchouling est sur le chemin de fer, à peu près à mi-distance entre Moukden et Kharbin. – Fantsetoun, dont il est question plus loin, est à quelques Kilomètres au Nord de Gounchouling.

donc dans la direction de Founchouling; voulant sauver son détachement d'artillerie (2 canons), il chargea le capitaine en second Bojarinov de contenir les Japonais avec 90 soldats montés, combattant à pied. — Celui-ci, par son énergique attitude tint ses adversaires en respect; mais la distance augmentant avec le détachement principal, cette arrière garde fut coupée de Lemizky le 14 à 9h du soir et entourée de tous cotés.

Les Russes contiennent quelque temps les Japonais, mais, voyant que 2 escadrons s'apprêtaient à les charger, Bojarinov fit monter ses hommes à cheval, attaqua et détruisit l'un des 2 escadrons, tandis que l'autre escadron et l'infanterie ennemie se contentaient de pousser des cris. Ses hommes démontés s'emparèrent des chevaux prisonniers Japonais, et, après quelques salves, il se fraya un chemin et se retira lentement emportant ses blessés et ses morts (28h, dont 1 officier et 3 soldats tués, et 24 blessés) — Il arrivait le surlendemain 16 Février à Fantsetoun. — Après une poursuite de 20 Km, l'ennemi l'avait laissé continuer tranquillement sa route.

[...]vement offensif de la [...]lerie russe à l'Ouest [L]iao-Yang — 14-16 Février

Le 14, un corps de cavalerie russe appuyé par de l'infanterie descendit le long du Houn-ho en deux colonnes. (On n'est pas encore fixé sur sa composition, les estimations variant de 10 sotnias seulement avec un peu d'artillerie, à 15.000 cavaliers, 500 fantassins et 20 canons) — Le 15 au matin il était à l'Ouest de Liao-Yang, ayant dépassé les lignes japonaises. — A ce moment, des reconnaissances apprirent que de l'infanterie japonaise montée sur des voitures et accompagnée de cavalerie se portait rapidement vers le le Nord-Ouest dans l'intention évidente de couper la retraite au corps russe. — Il fallait donc ou se retirer sans avoir rien fait, ou alors risquer l'achèvement de l'entreprise en agissant sur les derrières de l'ennemi : on s'arrêta à ce dernier parti et la marche fut continuée vers le Sud.

Bientôt les Russes apprirent que 5.000 Kounghouzes barraient la route d'Inkéou ; puis la cavalerie japonaise apparut, mais fit demi-tour à l'approche des Russes ; ceux-ci la poursuivirent mais tombèrent alors sous le feu de fantassins ennemis établis dans divers villages. Finalement les Japonais se retirèrent et les Russes continuèrent jusque vers le confluent du Houn-ho et du Taitse-ho. (voir le croquis n°1)

Le 16, les Russes reprenaient leur route vers l'Est ; ils eurent divers engagements heureux avec les Japonais, mais, soit que contre ordre ait été donné, soit que la tentative n'eût plus de chances de succès, le corps russe remontait vers le Nord dans la journée et l'opération s'achevait sans avoir obtenu de résultat apparent.

Entretemps quelques engagements partiels s'étaient produits au centre et à l'Est. — Le 13 au matin, un détachement de chasseurs russes fut attaqué au S.O. de Bianiapoutza (voir croquis n° 4) par 3 compagnies japonaises qui furent repoussées après un combat acharné. — Le même jour les Japonais bombardèrent la colline Poutilov avec 42 canons, dont certaines pièces de siège venant apparemment de Port-Arthur.

A la même date, Vladivostok était mis en état de siège.

ouvelle pointe de la valerie russe vers le ud (18-22 Février).

300 cosaques avec 2 canons, sous les ordres du Colonel Gillentschmidt furent envoyés le 18 Février pour détruire la voie ferrée au sud de Liao-Yang.

Ce détachement parvint dans la nuit du 20 au 21 sur la ligne du chemin de fer à 5 Km. au sud de Haïcheng (Voir le croquis V (n°1) à un endroit où se trouvait un pont de fer de 20 m de longueur. – Les fantassins japonais chargés de la garde du pont furent attaqués par une partie des cavaliers pied à terre qui les entourèrent et les massacrèrent. En même temps, deux autres fractions suivant la voie à droite et à gauche allèrent immobiliser les postes voisins et arrêter les renforts. – Sous cette protection les travailleurs s'attaquèrent au pont et auraient fait sauter une culée et une ferme de l'ouvrage (les Japonais le contestent).

Aussitôt après, le détachement russe s'éloigna vers l'Ouest et parcourut d'une traite plus de 100 Km. le 21 Février, en évitant Japonais et Khounghouzes. Le lendemain 22 il dut s'ouvrir de force un passage au milieu des détachements de poursuite. Le 22 au soir il rentrait dans les lignes russes après avoir parcouru 380 km en 5 jours.

ensive japonaise contre Vladivostock.

Ham-Heung
Lazarev
Pt Nakimov
Gensan

Depuis le milieu de février une offensive japonaise semble s'être dessinée dans la direction de Vladivostock partant du Nord de la Corée.

On trouvera au Chapitre V la composition des troupes rassemblées de ce côté.

D'autre part une base navale paraît être en préparation dans la région de Gensan – Port Lazarev. Des transports y arrivent avec du matériel de fortification pour les ouvrages en construction dans la presqu'île Makimo

Le 20 Février, des forces japonaises partaient de Ham-heung, vers le Nord, se dirigeant vers l'embouchure du Tumen.

Aucune ligne de communication ne semble avoir été préparée dans cette région pour le ravitaillement futur de cette armée. — Il est probable que l'État-Major japonais compte user exclusivement du ravitaillement latéral par mer, ce qui éviterait beaucoup de travaux.

Offensive Japonaise contre Kouropatkine. Le 19 Février, les Japonais, partis de Tsiang-tcheng (voir le croquis N° 4) sur le haut Tsaitseho, s'avancèrent vers le Nord en 2 colonnes, l'une vers Tsin-ho-tchen par Sou-Doun, l'autre vers Tapindouchan par Ouitseouitse. — De cette dernière se détacha, au delà de Ouitseouitse, une 3e colonne se dirigeant sur Tsin-hotchen par un autre chemin de montagne.

Le 19 au soir, les Japonais arrivaient à Tapin-douchan avec leur colonne de droite et s'avançaient concentriquement sur Tsin hotchen avec leurs deux colonnes de gauche.

Pendant ce temps une autre force japonaise se présentait devant le défilé de Yanfoseling sur la route de Biamapoutza à Fouchoun.

Enfin une série de postes japonais d'infanterie tendait, entre le Houn ho et le Liao-ho, un rideau impénétrable à la cavalerie. — Derrière ce rideau de grandes forces se dirigeaient vers Sin-min ting en plein territoire chinois, à l'insu des Russes.

Ces divers mouvements constituaient la phase préparatoire du plan d'offensive générale d'Oyama qui devait aboutir à la bataille de Moukden.

Cette bataille fera l'objet d'une étude spéciale qui reprendra les mouvements préliminaires de fin de Février, de manière à former un tout complet et indépendant. — On arrêtera donc ici l'exposé des événements de Février.

V. Forces russes et japonaises comparées au 1er Mars 1905.

---

apon. La composition donnée ci-dessous des armées japonaises correspond sensiblement à la situation au 15 Février. — Depuis il y a eu des mouvements de tiroir dans les forces d'Oyama, en vue de l'offensive sur Moukden ; mais ces déplacements latéraux, dont il sera parlé dans la prochaine note, ne modifient en rien l'effectif total.

Armée du maréchal Oyama

Armée	Unités	Bataillons	Escadrons	Canons
Armée de Kuroki	Division de la Garde { 1er, 2e, 3e, 4e Régiments d'infanterie ; La Brigade de réserve { 4 Régiments à 2 Batons et 18 canons }	20	5	54
	2ème Division { 4e, 29e, 16e, 30e Régiments ; 2ème brigade de réserve }	20	3	54
	12ème Division { 14e, 47e, 24e, 48e Régiments ; 12ème brigade de réserve }	20	3	54
	5ème brigade de réserve	8	"	18
	9ème brigade de réserve	8	"	18
	2ème brigade indépendante de cavalerie (15e et 16e Dragons)	"	6	"
	2ème brigade indépendante d'artillerie (16e, 17e, 18e Régiments)	"	"	108
	Total	76	17	306
Armée de Nodzu	5ème Division (11e, 41e, 21e, 42e Régiments)	12	3	36
	8ème Division { 5e, 31e, 17e, 32e Régiments ; 8ème brigade de réserve }	20	3	54
	10ème Division { 10e, 40e, 20e, 39e Régiments ; 10e brigade de réserve }	20	3	54
	3ème brigade de réserve	8	"	18
	un régiment (14e) de la 1ère brigade indépendante d'artillerie	"	"	36
	Total	60	9	198
Armée d'Oku	3ème Division (6e, 33e, 18e, 34e Régiments)	12	3	36
	4ème Division { 8e, 37e, 9e, 38e Régiments ; 1ère brigade de réserve }	20	3	54
	6ème Division { 13e, 45e, 23e, 46e Régiments ; 6ème brigade de réserve }	20	3	54
	7ème Division { 25e, 26e, 27e, 28e Régiments ; 7ème brigade de réserve }	20	3	54
	9ème Division (7e, 35e, 19e, 36e Régiments)	12	3	36
	11ème Division { 12e, 43e, 22e, 44e Régiments ; 11ème brigade de réserve }	20	3	54
	une brigade de la 1re Division	6	3	18
	1ère brigade de réserve	8	"	18
	1re brigade indépendante de cavalerie	"	6	"
	2 régiments (13e et 15e) de la 1re brigade d'artillerie	"	"	72
	Total	118	27	396

ce qui fait pour le total des forces

ce qui fait pour le total des forces de l'Armée japonaise

254 bataillons	× 1.000 h	=	254.000 h	d'infanterie
53 escadrons	× 130	=	6.890	de cavalerie
900 canons	× 25	=	22.500	d'artillerie
		Total	283.390 h.	

Il y a lieu d'ajouter à ce chiffre 25000 ou 26.000 h. pour l'artillerie lourde, le génie, les détachements de troupes techniques, etc., – soit un total arrondi de 310.000 hommes pour l'armée du Maréchal Oyama.(1)

Dans cette évaluation on a supposé que toutes les troupes japonaises étaient au complet de guerre (on a même forcé les chiffres pour l'infanterie, le pied de guerre du bataillon japonais n'étant que de 928 h au lieu de 1.000) – Les calculs ci-dessus aboutissent donc vraisemblablement à un maximum.

Autres formations japonaises. – On n'a compté dans l'armée d'Oyama que la moitié de la 1re Division; nous supposons en effet qu'une brigade de cette division a dû rester comme garnison à Port Arthur, avec peut être quelques formations récentes de troupes de seconde ligne.

Il se confirme en outre qu'une nouvelle armée (Vème), sous le commandement du Général Hasegawa, est en formation en Corée. – Elle comprendrait un petit noyau actif (probablement les troupes actives laissées à Port Arthur et qu'on en pourra retirer lorsque la garnison de territoriaux aura suffisamment pris corps) et 3 divisions de nouvelle formation constituées avec les éléments de fortune mentionnés ci-après. – Cette armée pourrait commencer à faire sentir son action au printemps.

(1) Les non combattants sont en plus.

Au Japon, il ne reste que quelques bataillons de forteresse. A Formose il y a une brigade mixte composée de recrues.

Ressources disponibles. – Tous les éléments instruits de l'armée active, de la réserve, de l'armée territoriale (Kobi) et de l'armée nationale (Kokumin) ont été utilisés depuis longtemps.

Ces ressources étant insuffisantes, un décret du 5 Décembre 1904 a supprimé les anciennes catégories de recrutement et mis à la disposition de l'autorité militaire tous les hommes valides jusqu'à 41 ans ; des avantages ont été offerts en outre aux anciens militaires ayant dépassé cet âge et consentant à reprendre du service.

Ont été convoqués successivement :

1°. la classe 1903 appelée en Septembre.

2°. les hommes de cette classe reconnus bons physiquement mais qui, primitivement, ne devaient pas être incorporés.

3°. la classe 1904 toute entière (90.000 h) appelés le 1er Décembre 1904.

4°. les hommes du Kobi (classes 1892 à 1896)

5°. les hommes du Kokumin, reversés dans le Kobi (classes de 1887 à 1891).

Les unités que l'on constitue en ce moment sont formées avec les recrues de la classe 1904 et de vieux territoriaux des classes 1887 à 1891. – Les cadres faisant défaut, on utilise les officiers retraités, les officiers blessés ou malades qui peuvent marcher, des sous officiers promus officiers et les élèves des écoles militaires qui reçoivent leur brevet au bout d'un temps d'études très écourté. – Ces formations qui, devant un ennemi victorieux feraient triste figure, pourront au contraire rendre des services réels comme troupes d'occupation ou de blocus.

Si la guerre continuait encore quelque temps, le gouvernement japonais devrait appeler par anticipation la classe 1905 et prendre ce qui resterait des 3 classes de Kokumin les plus anciennes (1884 à 1886).

La pénurie des cadres se ferait sentir bien plus tôt que celle des hommes.

sie. Le Général Kouropatkine disposait au 1er Mars des unités suivantes:

Armée de Kouropatkine	Bataillons	Escadrons	Batteries	Canons
Ier, IIe, IIIe corps de Sibérie (5 Divisions de tirailleurs de Sibérie Orientale) comprenant 20 Régiments à 3 Bataillons, plus l'artillerie	60	"	20	160
1er, 8e, 10e, 16e, 17e corps d'Europe, plus l'artillerie	160	"	64	512
3 brigades de tirailleurs d'Europe, plus artillerie	24	"	12	96
1re Division de Sibérie, plus artillerie	12	"	4	32
IVe, Ve, VIe corps de Sibérie, plus artillerie (8+12+12 batteries)	96	"	32	256
3 bataillons cosaques du Transbaïkal, plus 61me Division (1) et artillerie	19	"	6	48
3 régiments de dragons (Rt de la Province Maritime + 51e Rt + 52e Rt)	"	18	"	"
Cosaques: de Sibérie (3e Rt + 4e et 7e + 5e et 8e + 6e et 9e) ...... 7 régiments				
Orenbourg (1er + 9e, 10e, 11e, 12e) .... 5 "				
Don (19e, 24e, 25e, 26e) .... 4 "				
Oural (4e, 5e) .... 2 "				
Transbaïkal (4 + 4 + 1) .... 9 "				
Oussouri .... 1 "				
Amour .... 1 ½ "				
Groupes de Krasnoiarsk et Irkoutsk .... 1 "				
Escorte .... ½ "				
Indigènes du Caucase .... 2 "				
33 régiments	"	192	"	
plus 8 Batteries à cheval (1, 2, 3, 4 du Transbaïkal, 3e groupe du Don + 10e groupe) ..	"	"	8	48
15 batteries de montagne, dont une irrégulière	"	"	15	90
2 batteries de mortiers de Sibérie Orientale	"	"	2	12
2 régiments de mortiers (4e et 5e)	"	"	8	48
3 régiments de tirailleurs de la 2e Division, plus artillerie (venus de Vladivostock)	9	"	4	32
Total	380	210	175	1334

(1) La 61me Division aurait remplacé au Ve Corps Sibérien la 71e devenue indépendante qui ne change rien à l'effectif.

Comptons seulement, comme dans les études précédentes, 800 h. par bataillon, 100 h. par escadron et 200 h. par batterie.

380 bataillons × 800 =		304.000	infanterie
210 escadrons × 100 =		21.000	Cavalerie
175 batteries × 200 =		35.000	artillerie
	Total :	360.000	hommes.

A ce total il y a lieu d'ajouter :

11 bataillons de sapeurs	11.000
11 brigades de parcs d'artillerie	6.600
15 parcs de montagne	3.000
parc du génie	200
1 Bataillon de pontonniers, 1 de télégraphistes, 2 d'aérostiers	4.000
	24.800

Au 1er Mars, l'effectif de l'armée de Kouropatkine était donc d'environ 385.000 hommes (1)

Autres formations russes.

Troupes de forteresse :

Vladivostock	8e Division de tirailleurs plus artillerie	12.600 h	19.200
	Sapeurs, mineurs, télégraphistes	600	
	6 Batons d'artillerie de forteresse	6.000	
Nikolaievsk : 1. Regt à 2 Batons plus artillerie			2.500
Possiet (pour mémoire)			21.700

Troupes de garnison

(1) On ne donne pas ici, comme on l'a fait pour l'armée japonaise, la composition des armées subordonnées, de fréquents changements rendant cela impossible.

Troupes de garnison.

- 4 cinquièmes bataillons du Transbaïkal ———— 4.000 h
- 17 bataillons de dépôt en Extrême Orient ———— 17.000 h
- 2 bataillons de réserve à Sakhaline ———— 2.000
- 1 batterie 1/2 à Sakhaline ———— 150
- dépôts d'artillerie, de génie, etc (pour mémoire)

23.150

Troupes de chemin de fer.

- 6 bataillons réglementaires
- 3ème batterie d'Europe
- 55 sotnias à pied de gardes du chemin de fer

} 40.000 h

Disponibles sur place.

Milices de droujinies de volontaires 15.000 h

Le total des forces russes présentes en Extrême Orient à la date du 1er Mars était donc de :

- Armée de Kouropatkine ———— 385.000 h
- Troupes de forteresse ———— 21.700
- Divers ———— 78.150

Soit en chiffres ronds — 485.000 hommes.

En route, ou devant partir	Batons	Escons	Batties	Canons	Effectifs
2 brigades de tirailleurs d'Europe	16	"	8	64	14.400
4e Corps, plus artillerie	32	"	12	96	34.400
6 batteries de montagne	"	"	6	36	1.200
10e Division de cavalerie	"	18	"	"	1.800
2e Brigade de plastounes du Caucase	6	.	"	"	6.000
Brigade du Caucase, plus artillerie	"	24	2	12	2.800
23 dépôts nouvellement formés	23	"	"	"	23.000
	77	42	28	208	83.600

La tête des deux dernières brigades de tirailleurs devait arriver à Tieling vers le 1er Mars, la queue vers le 20 Mars. — C'est à cette dernière date que commencera à débarquer le 4e Corps ; on peut calculer environ 20 jours pour la durée de son débarquement.

Comparaison des forces russes et japonaises à la date du 1er Mars.

Bornons-nous à la comparaison des armées de Kouropatkine et d'Oyama à cette date

	Bataillons	Escadrons	Canons	Effectifs
Kouropatkine ————	380	210	1334	385.000 (1) h
Oyama ————	254	53	900	310.000

Les Russes avaient donc la supériorité numérique et cela depuis un certain temps. — Ce qui a pu donner l'impression contraire, c'est l'emploi plus judicieux des forces japonaises, leur économie de personnel dans les ouvrages et les tranchées, permettant la disponibilité de plus grosses réserves pour la manœuvre. Les Russes au contraire, au dire des témoins oculaires, ont toujours immobilisé beaucoup trop de monde dans leurs retranchements, ce qui entraînait des pertes inutiles pendant les luttes d'artillerie et diminuait d'autant leurs effectifs de manœuvre. Par suite, là où les chocs importants se sont produits, les Japonais se sont presque toujours présentés avec une supériorité numérique réelle, ce qui a pu faire illusion sur leur effectif total.

---

(1). On peut se demander si Kouropatkine n'a pas laissé en arrière à Tieling ou à Kharbin une fraction de ses forces ; il est impossible de le savoir.

VI.- Renseignements divers.

Lignes de communication. Russie

Transsibérien. Sur une longueur de 1740 Km du Transsibérien les anciens rails légers de 16 Kgs. au mètre courant sont tous maintenant remplacés par des rails lourds de 22 Kgs.

Le doublement de la voie, décidé en principe, n'est encore qu'à l'état d'étude à cause des diverses combinaisons en présence (doublement le long de la ligne actuelle, doublement par une autre ligne à voie unique s'écartant du premier tracé, de manière à desservir plus de pays pour la même somme, autres projets intermédiaires entre les deux précédents, offres de construction par une compagnie américaine, etc).

D'après le prince Khilkov, 18 trains par jour circulent de bout en bout, dont 12 trains militaires (se reporter aux observations de la note n° 5 à ce sujet). Il espère qu'au printemps on disposera journellement de 16 trains militaires.

150 kilomètres de nouveaux garages seront prêts pour le printemps.

Le matériel roulant augmente; on construit un nouveau type de truc donnant à poids égal un rendement notamment supérieur au rendement actuel.- 500 locomotives sont en construction.

En résumé, on peut dire que le Transsibérien continue à fonctionner dans de bonnes conditions et que l'exploitation s'améliore constamment)

<u>Lignes particulières</u>. Les Russes ont construit un embranchement allant de <u>Moukden</u> aux mines de <u>Fouchoun</u> qui donnent du charbon pour la ligne. – Une autre voie à traction animale aurait été établie sur la route mandarine qui relie <u>Moukden</u> à la gare de <u>Sinminting</u>. – Cette voie avait une grande importance, les Russes tiraient de grandes quantités d'approvisionnements de la Chine par la voie ferrée aboutissant à <u>Sinminting</u>.

Enfin une autre ligne à voie étroite reliait <u>Fouchoun</u> à <u>Sanlouniou</u>, à 12 Km du col de <u>Taling</u>. Cette voie, à traction animale, servait à créer un dépôt important d'approvisionnements à <u>Sanlouniou</u> et facilitait l'entretien des troupes de cette région éloignée de <u>Moukden</u>.

<u>Japon.</u>

<u>En Mandchourie</u>. – De <u>Port-Arthur</u> et <u>Dalny</u> à <u>Liao-Yang</u> l'ancienne ligne russe, resserrée à l'écartement de la voie japonaise, fonctionne bien; il y passe 20 trains par jour. On va de <u>Tokio</u> à <u>Liao-Yang</u> en 6 jours.

Après resserrement des rails, les traverses ont été sciées juste à l'écartement utile, de sorte qu'elles sont devenues inutilisables pour la réfection de la voie à l'écartement des lignes russes.

La ligne du Yalou à Liao Yang est en construction.

En Corée. — Les Japonais continuent à travailler activement à leurs communications en Corée.

La ligne Fousan - Séoul, établie dans de bonnes conditions a été terminée le 10 Novembre et ouverte au trafic le 1er Janvier. — Il y aura 2 trains par jour dans chaque sens de Fousan à Séoul (15 heures). Cette ligne a été construite par entreprise civile. Le matériel roulant comprend 28 locomotives, 58 wagons de 1e 2e et 3e classes, 230 voitures à marchandises dont 170 trucs découverts. Le temps pour aller de Tokio à Séoul via Shimonosaki est désormais réduit à 56 heures.

La ligne de Séoul à Wijou, faite par la main d'œuvre militaire, est poussée hâtivement vers le Nord et sera complétée sous peu jusqu'à Ping-Yang ; mais les conditions d'établissement en sont défectueuses.

La ligne de Séoul à Gensan est commencée également et on espère la terminer pour la fin de 1905.

Finances Comme il a été dit dans la note précédente, la question financière n'est envisagée dans ces études qu'au point de vue de ses rapports directs avec la guerre.

On ne s'arrêtera pas à la situation des finances russes pour les raisons déjà exposées. Il y a lieu de remarquer toutefois que de grands revers au cours de la campagne actuelle pourraient nuire au crédit de la Russie et rendre difficiles de nouveaux emprunts à l'étranger. Dans ce cas on serait obligé de compter davantage avec les ressources disponibles, préoccupation qui jusqu'à présent n'existait guère.

Du côté japonais, la situation financière exposée dans la note précédente sera précisée par les renseignements ci-après.

Le budget pour le présent exercice (1er Avril 1904 - 31 Mars 1905) avait été présenté ainsi au Parlement :

Recettes : 316.370.423 yens (le yen = 2f,58)
Dépenses : 247.372.658

Différence : 68.997.765 soit environ 69 millions de yens disponibles pour les frais de la guerre.

Les dépenses de guerre jusqu'au 1er Avril 1905 étaient évaluées à 576 millions de yens.

Pour couvrir la différence 576 - 69 = 507 millions on eut recours aux mesures suivantes :

Economies par réformes administratives	3 millions
Augmentation d'impôts	66
1er emprunt intérieur (produit net)	93
1er emprunt extérieur (d°)	84
2e emprunt intérieur (d°)	91
Emission de billets militaires	20
Obligations à lots de la banque hypothécaire	30
3e emprunt intérieur (produit net)	33
Souscriptions volontaires	2
Emprunt temporaire de la Banque du Japon	72
	494 millions

Somme inférieure de 13 millions aux besoins prévus.

L'exercice 1904-05 n'étant pas encore terminé, on ne peut

savoir ni si les taxes donneront les sommes inscrites ci-dessus, ni si les 576 millions de frais de guerre seront dépassés.

Cette dernière éventualité parait vraisemblable pour les deux raisons suivantes : 1° parce que pour l'exercice suivant on prévoit 200 millions de yens de plus, 2° parce que M. Sakatani, adjoint au Ministre des finances, a déclaré que les frais de guerre montaient à 430 millions à la fin de Novembre 1904, soit une moyenne de 43 millions de yens par mois, comme il restait alors 4 mois de dépenses pour atteindre la fin de l'exercice, à raison de 43 millions par mois, cela faisait 172 millions jusqu'au 1er Avril ; les disponibilités correspondantes étant de 494 + 69 − 430 = 133 millions, l'insuffisance ressortirait à 39 millions.

Pour l'exercice 1905-1906, le programme financier a été présenté ainsi qu'il suit à la Diète Japonaise.

Frais de guerre :	Armée	600 millions	776 millions
	Marine	100 "	
	Intérêts des emprunts et dépenses extraordinaires	76 "	

Budget :	Recettes	305.731.898
	Dépenses	182.359.099
	différence disponibles	123.372.799.

Il reste donc à trouver pour l'exercice 1905-06 la différence 776 millions, moins 123.372.799, ~~soit en~~ arrondissant 653.500.000 yens.

Pour cela le gouvernement a proposé la combinaison

suivante :

Augmentation d'impôts et impôts nouveaux — 83 millions
Emprunts intérieurs et extérieurs ——— 570

Au cours de la présente année, le Japon devra donc faire pour environ 1 milliard ½ de francs d'emprunts nouveaux. Or le gouvernement japonais, au cours de la première année de guerre, a placé plus de la moitié de ses emprunts à l'extérieur (84 + 120[1] = 204 millions contre 93 + 91 = 184 millions). Les facultés contributives des souscripteurs japonais n'ayant pas augmenté, selon toute apparence, il paraît donc probable que la plus grosse partie de ce milliard ½ devra être demandée à l'étranger. Il sera difficile de gager d'aussi gros emprunts ; les revenus des douanes sont déjà aliénés, il faudra donc d'autres garanties, comme les chemins de fer et les monopoles.

La presse anglaise affirme que la situation financière du Japon est bonne et qu'il trouvera tous les fonds qui lui sont nécessaires. Il est possible que ses succès militaires lui procurent de nouveaux prêteurs ; cependant il ne semble pas exagéré de dire qu'un pays qui en est réduit à livrer à ses créanciers ses douanes et ses chemins de fer ne représente pas l'idéal courant de finances prospères.

VII. Conclusion.

Malgré les victoires ininterrompues des Japonais depuis le commencement de la guerre, personne ne pouvait encore au 1er Mars préjuger de l'issue de

(1) Un 2e emprunt extérieur a été effectué à la fin de 1904 ; au dire de M. Sakatani il aurait produit 120 millions disponibles pour l'exercice suivant (?).

la campagne, car l'effort principal à faire, l'anéantissement de l'armée russe principale, restait encore à mener à bien.

A Liao-Yang, lors du premier choc entre Oyama et Kouropatkine, la victoire japonaise resta longtemps douteuse; au Chaho, une lutte acharnée de 12 jours laissa les adversaires sur leurs positions, démontrant ainsi pratiquement l'égalité des forces.

Depuis, des renforts avaient rejoint de part et d'autre, mais l'examen des moyens d'action respectifs des deux adversaires laissait espérer que la fortune allait changer de camp.

L'issue désastreuse de la bataille de Moukden vient de modifier profondément la situation générale.

Les causes de la victoire japonaise seront étudiées dans une prochaine étude; mais, quelles qu'elles soient, cet événement enlève pour assez longtemps à la Russie la possibilité de prendre l'initiative des opérations.

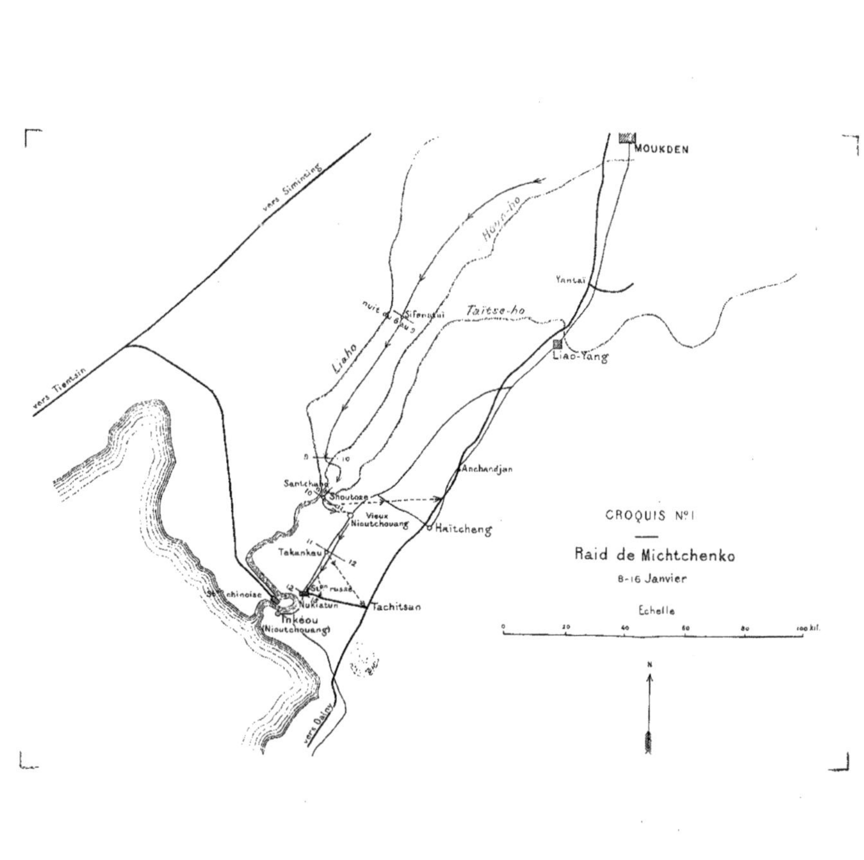
MOUKDEN
vers Simintin
vers Tientsin
Houn-ho
Yantai
Taitse-ho
Liao-Yang
Liaho
Santchang
Shoutoze
Vieux
Nioutchouang
Haïtcheng
Anchandjan
Takankau
Stⁿ chinoise
Stⁿ russe
Nukiatun
Tachitsan
Inkéou
(Nioutchouang)
vers Dalny
CROQUIS N° 1
Raid de Michtchenko
8-16 Janvier
Echelle
0
20
40
60
80
100 kil.
N

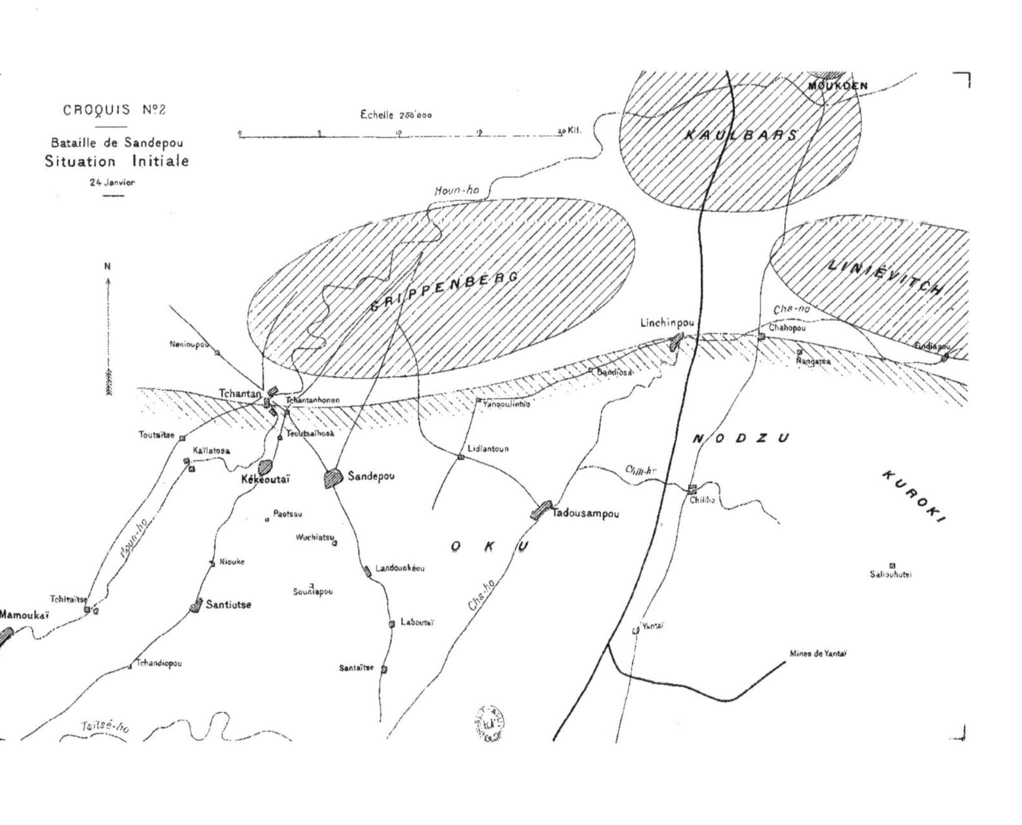
CROQUIS No 2
Bataille de Sandepou
Situation Initiale
24 Janvier
Échelle
0
5
10
15
20 Kil.
N
MOUKDEN
KAULBARS
Moun-ho
GRIPPENBERG
LINIÉVITCH
Cha-ho
Linchinpou
Chahopou
Nangatsa
Bandiosa
Nenioupou
Tchantan
Tchantanhonan
Yansoulintsio
Toutaïtse
Teoutsaïhosa
Kaïlatosa
Lidiantoun
Kékeoutaï
Sandepou
NODZU
Chili-ho
Chiliho
KUROKI
Tadousampou
Paotsau
Wuchiatsu
O K U
Niouke
Landounkéou
Souniapou
Cha-ho
Saliouhotsi
Tchitaïtse
Mamoukaï
Santiotse
Laboutaï
Yantaï
Mines de Yantaï
Tchandiopou
Santaïtse
Taïtsé-ho

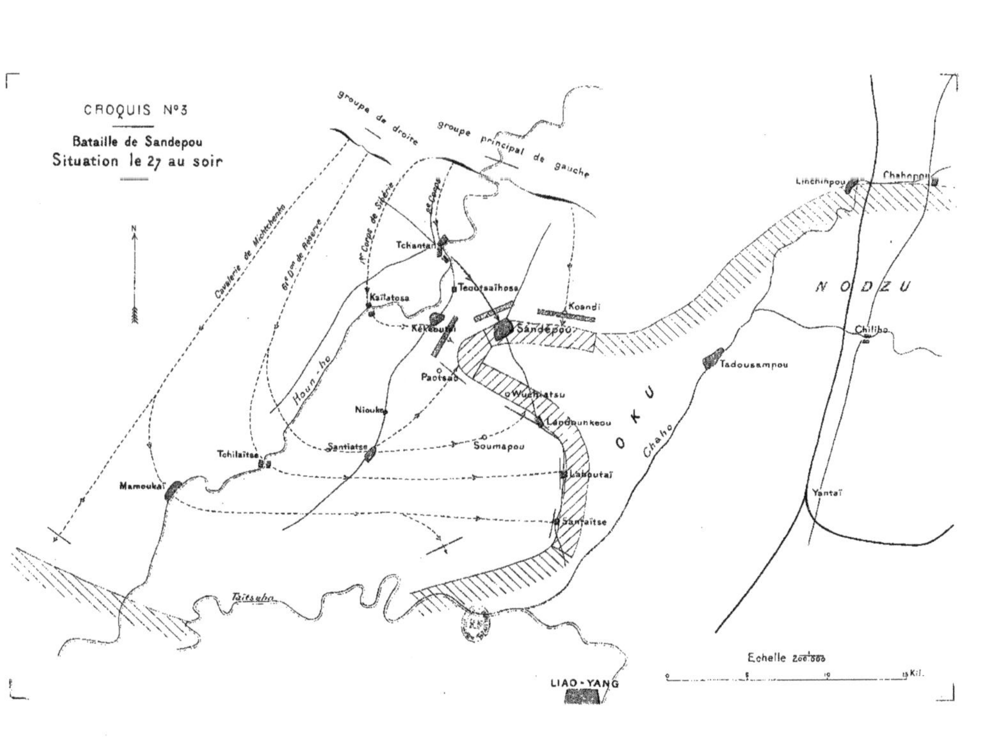
CROQUIS N°3
Bataille de Sandepou
Situation le 27 au soir
groupe de droite
groupe principal de gauche
Cavalerie de Michtchenko
6e Don de Réserve
1er Corps de Sibérie
8e Corps
Tchantan
Kaïlatosa
Teoutsaïhosa
Koandi
Kekeoutaï
Sandepou
Paotsao
Wuchiatsu
Niouke
Houn-ho
Landounkeou
Santiatse
Soumapou
Tchilaïtse
Lahoutaï
Mamoukaï
Santaïtse
Taitseho
LIAO-YANG
Linchinpou
Chahopou
NODZU
Chilibo
Tadousampou
OKU
Chaho
Yantaï
Echelle $\frac{1}{200000}$
0 5 10 15 Kil.

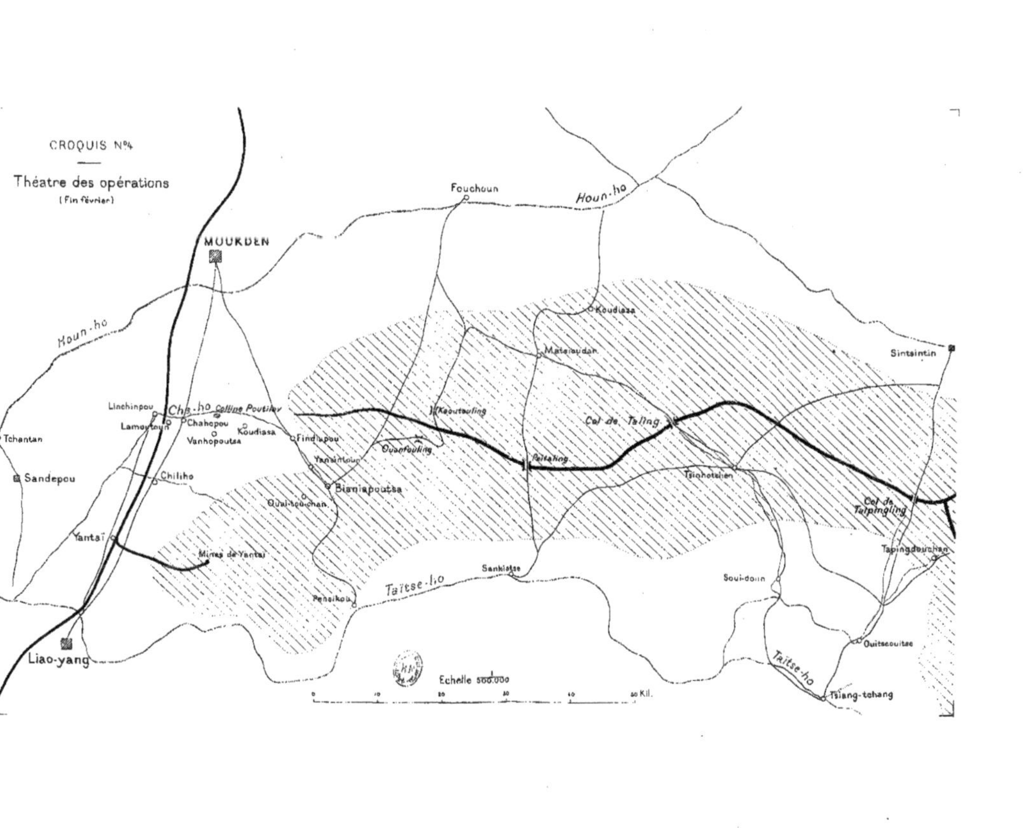
CROQUIS N°4
Théatre des opérations
(Fin février)
MOUKDEN
Fouchoun
Houn-ho
Houn-ho
Koudiaza
Mataioudan
Sintsintin
Linchinpou
Cha-ho
Colline Poutilov
Lamoutoun
Chahopou
Koudiasa
Vanhopoutsa
Tchantan
Findiapou
Keoutouling
Ouanfouling
Col de Taling
Peitaling
Yansintoun
Tsinhotchen
Sandepou
Chiliho
Bianiapoutsa
Quai-tou-chan
Col de Taipingling
Yantaï
Mines de Yantaï
Tapingdouchan
Sankiatse
Soui-doun
Taïtse-ho
Pensikou
Liao-yang
Ouitseouitse
Taïtse-ho
Echelle 1/500.000
0
10
20
30
40
50 Kil.
Tsiang-tchang

www.ingramcontent.com/pod-product-compliance
Ingram Content Group UK Ltd.
Pitfield, Milton Keynes, MK11 3LW, UK
UKHW021007220726
13924UKWH00002B/921

9 782019 910884